AF599857

JESÚS DÍAZ HERNÁNDEZ

ESTE ESPEJO NO DEVUELVE LA SONRISA

JESÚS DÍAZ HERNÁNDEZ

ESTE ESPEJO NO DEVUELVE LA SONRISA

Aforismos

HUERGA & FIERRO editores

Diseño de Colección: Huerga y Fierro

Primera edición: 2025

C/Sebastián Herrera, 9
28012 Madrid-España
Telf.: 91 467 63 61
www.huergayfierro.com
huerga@huergayfierro.com

I.S.B.N.: 979-13-990442-8-7
Depósito Legal: M-12426-2025
Impreso en Romadac Industria del Libro
Impreso en España/Printed and made in Spain

La vida es un espejo: si sonrío, el espejo me devuelve la sonrisa.

Gandhi

Todo idealismo, frente a la necesidad, es un engaño.

Friedrich Nietzsche

La vida de la política y la política de la vida

La diferencia entre una democracia y una dictadura consiste en que en la democracia puedes votar antes de obedecer las órdenes.

CHARLES BUKOVSKI

1

Los científicos vaticinan la completa extinción del mundo para antes de cien años, la completa debacle de la política es algo que parece mucho más cercano.

2

Un imbécil puede ser rey por la gracia de dios, como puede ser presidente por la gracia de millones de imbéciles.

3

Los pueblos que han sufrido mucho pueden hacer sufrir aún más.

4

Los pobres pueden presumir con toda justicia de que su pobreza está repartida con equitativa igualdad. Los ricos, sin embargo, ven con incertidumbre como su riqueza fluctúa de una manera tan rápida que no saben cuándo van a ser aún más ricos de lo que son.

5

Lo único inmoral y perverso que no está prohibido en una democracia es mentir.

6

"Nadie se baña dos veces en el mismo río", decía Heráclito. Sin embargo, muchos se enfangan continuamente en el mismo barro.

7

Tan utópico es llegar a una idílica sociedad socialista como intentar convertir el capitalismo en una sociedad idílica.

8

Di a una multitud ¡Viva la patria! y te seguirán extasiados aunque no sepan a dónde.

9

El poderoso cuanto más sonríe más miedo da.

10

Tendemos a seguir a aquellos que sólo lanzan consignas y a repeler a los que tratan de dar explicaciones.

11

El temor de los pobres a vivir peor de lo que viven les hace ser extremadamente conservadores.

12

La imparcialidad es una falacia cuando supone ponerse, entre la verdad y la mentira, en el justo medio

13

El hombre dio el salto definitivo a la civilización cuando descubrió que engañar era la cosa más sencilla del mundo.

14

Quizá merezca la pena replantearse el famoso refrán: "Se coge antes a un mentiroso que a un cojo". Hoy en día a un mentiroso ni se le intenta coger.

15

El opresor una vez que ha perdido su poder y ha caído en desgracia se apresura a pedir la clemencia que nunca tuvo con sus oprimidos.

16

Para un rico no poder mantener su alto nivel de vida es estar en la ruina, para un pobre tener problemas para poder dar de comer a su familia es estar en la más absoluta normalidad.

17

Todos deseamos vivir en un mundo mejor, pero jamás nos pondremos de acuerdo en qué significa eso.

18

Muchos hombres viven de convicciones que, desgraciadamente, no necesitan demostrar.

19

El político que no trabaja para conseguir un mundo más justo sólo merece ser considerado un mercenario.

20

La democracia es el poder de una mayoría que, convencida de su inutilidad para saber qué hacer con él, lo cede a una minoría que lo utiliza a su conveniencia.

21

En la actualidad, en un discurso político el objetivo no es mostrar la verdad y sí, por el contrario, demostrar que lo que se dice es perfectamente razonable aunque sea mentira.

22

Si un político miente se le debería despreciar por mentiroso, no por político.

23

El destino del mundo depende de unos pocos culpables y de muchos cómplices.

24

Hay muchísimos pobres que poseyendo un teléfono móvil y una televisión se consideran las personas más felices del mundo. La tecnología ha terminado con la lucha de clases.

25

Los políticos que dicen situar su ideología en el centro no piensan en su ideología, solo piensan en el centro.

26

Los discursos vacios están poblados de palabras grandilocuentes.

27

Como si un asno dirigiera una manada de caballos salvajes, así funciona nuestro mundo.

28

Hay mensajes políticos que llegan mejor a sus destinatarios si incluyen insultos y descalificaciones.

29

"No quiero saber nada de política" es el comentario más político que se puede hacer.

30

Las patrias son los colores, así de simple es el patriotismo.

31

Por muchas bajas que tengan a diario en todo el mundo, los pobres jamás serán una especie en vías de extinción.

32

Algunos periodistas escriben de política con la sana intención de que nadie sepa exactamente lo que pasa en el mundo.

33

Sólo tienen el futuro asegurado aquellos que lo pueden comprar.

34

Los políticos lo ven todo negro hasta que llegan al gobierno, en ese momento siguen viéndolo todo negro pero lo disimulan perfectamente.

35

Después de un discurso, dejar una duda en nuestro auditorio es lo verdaderamente radical.

36

La humanidad vive de muchas maravillosas fantasías y de una sola ilusión: ser ricos.

37

El concepto de lucha de clases tiene hoy gran predicamento entre las clases más altas. Cualquier lucha es bien aceptada cuando se va ganando.

38

Cerca de mil millones de personas en el mundo viven en el umbral de la pobreza, quizá por eso hay gente que piensa que lo único importante es la vida eterna.

39

No nos debería sorprender que aquel que a diario pasa hambre solo piense en vengarse.

40

Los monárquicos lo que más detestan de un rey corrupto es que no reparta con ellos lo que roba.

41

El que las hormigas formen comunidades (colonias) de millones de individuos sin que surjan disensiones entre ellos deja en muy mal lugar a los humanos que en una comunidad de unos pocos cientos pueden terminar a palos.

42

¿Cómo puede reclamar justicia quien no ha sido justo en toda su vida?

43

Los políticos incumplen sus promesas y el pueblo las olvida. Unos no tienen palabra y los otros carecen de memoria.

44

Sólo creen a un mentiroso aquellos que no buscan la verdad.

45

Quería tanto a su patria que se olvidó de sus compatriotas.

46

¿Acaso al mundo le importa su historia?

47

Después de una guerra nos preguntamos cómo pudo haber sucedido... ¡Qué fácil olvidamos como surgen las guerras!

48

Hay políticos que cuando hablan no desean, de ninguna manera, hacerse entender.

49

Ha quedado demostrado a lo largo del tiempo que se puede hacer historia sólo destruyendo.

50

Los "Neoliberales" propugnan la no intervención del "Estado" en la economía, salvo si hay que salvarlos a ellos.

51

El mundo es como un piano que no produce buena música porque nadie ha conseguido afinarlo.

52

Una de las señas de identidad de la evolución del hombre sobre la tierra ha sido hacer algo bueno y luego estropearlo.

53

Por pura lógica semántica el capitalismo tiene que ser beneficioso para los capitalistas.

54

Nos asusta que alguien, y no nosotros, pueda tener razón.

55

Los ricos votan a la derecha porque defiende sus intereses; los pobres también la votan porque desean ser como los ricos. Los primeros viven una feliz realidad, los segundos se conforman con vivir un quimérico sueño.

56

Por llegar a mandar, los hombres son capaces de obedecer.

57

Quien sólo aspira al poder tiene perdida la batalla de las ideas, pero claro, esa es la batalla que menos le importa.

58

Al impartir justicia, cometió una terrible injusticia.

59

El mundo se va a convertir en un gran barril de Diógenes, todos dentro, desnudos, sin nada que llevarnos a la boca y solo preocupados porque no nos quiten el sol. Sólo unos cuantos quedarán fuera para empujar el barril y que ruede hasta el abismo.

60

Sólo aquellas maldades que producen beneficios son reconocidas como bondades por aquellos que van a recoger las ganancias.

61

¿Alguien cree que en esa maravilla que es la Divina Comedia no hay política?

62

Hay una historia que se hace y otra que se escribe, pero solo es fiable aquella en la que las dos coinciden.

63

Hay hombres que destruyen el mundo como si fueran a morir mañana y otros que acumulan poder como si se creyeran eternos.

64

Cuando un político condenado por corrupción pasea entre parabienes por la calle...

65

No hay nada que signifique menos en política que el nombre de un partido.

66

El orden mundial que nos rige aborrece la protesta pública, sin embargo ve muy conveniente la protesta privada, sobre todo la de aquellos que tienen acceso directo al poder.

67

Una mujer compungida: "Sabes, mi hijo es un ladrón."

La amiga: "¡Que alegría, mujer! Por fin se podrá codear con gente respetable".

68

Una persona para ser considerada respetable tiene que tener un dinero a buen recaudo en algún paraíso fiscal. Las personas respetables siempre han tenido fama de previsoras.

69

En la política actual, el insulto y la descalificación son, con diferencia, la mejor campaña electoral... para el que insulta y descalifica.

70

Miles de millones de personas pululando por el mundo sin saber que el destino de sus descendientes está en manos de unos pocos.

71

Qué fácil es para muchos cambiar sus ideas políticas con el fin de conseguir sus objetivos pecuniarios.

72

Quizá llegue un día en que dejemos de utilizar armas de fuego para acabar con las guerras.

73

Vivimos en una época en la que equivocarse parece ser absolutamente imprescindible.

74

Los causantes de una guerra son totalmente perdonados si han resultado ser los vencedores.

75

Desgraciadamente, solo con el voto de los estúpidos se puede gobernar el mundo.

76

Demasiada gente piensa que protestar ante una injusticia no sirve de nada, aunque cuando ven que sirve bien que se aprovechan de sus beneficios.

77

No sabía de nada y decidió meterse en política.

78

Dejó escrito Petronio: "El poder se conquista, la justicia se compra". Nada ha cambiado en dos mil años.

79

Los pueblos que pasan hambre deberían, de alguna manera, rebelarse contra su destino. Desgraciadamente, todo indica que o desconocen su destino, o el destino les tiene bien atados.

80

“Más quiero la injusticia que el desorden”, dijo Goethe. Siempre he pensado que la injusticia es el más alto grado de desorden.

81

Hay gobiernos que cuando algo va mal te conminan a que pienses en otra cosa, si a un problema no le encontramos solución mejor mirar hacia otro lado.

82

Hasta mediados del siglo XX el mundo se moría por sus numerosos defectos. En el siglo XXI nos preparamos a desaparecer por nuestros numerosos excesos.

83

Las personas respetables suelen robar con la más absoluta discreción.

84

Como decía Napoleón, el absurdo en política no siempre es un obstáculo, la demostración palpable la tenemos en muchos políticos que triunfan entre la más absoluta absurdez.

85

Hay demasiada gente sembrando odio en el mundo, y con razón: sus objetivos así lo demandan.

86

Basta que un político diga una tontería para que reciba multitud de adhesiones.

87

Decimos con excesiva condescendencia que el mundo se ha vuelto loco cada vez que hay una guerra. Los culpables sonríen ante tanta ingenuidad.

88

Los políticos viven de promesas, pero no mueren de incumplirlas.

89

Los conservadores pueden variar constantemente de ideas con el único fin de conservar sus privilegios.

90

Los habitantes de un país democrático son ciudadanos, los de un país totalitario son masa. Este es el juego lingüístico al que invita la política.

91

La política es como un libro abierto, y el que no lo ve claro es porque en su vida ha abierto un libro.

92

Todavía hay nostálgicos que piensan que es posible una revolución política y social, pero hay que ser compresivos, la nostalgia se ha convertido en una forma de vida.

El amor, la felicidad y otras tristezas

Felicidad no es hacer lo que uno quiere
sino querer lo que uno hace.
JEAN PAUL SARTRE

93

La filosofía de tomarse la vida con humor sólo tiene aplicación práctica en aquellos que están rodeados de personas que se toman la vida con la misma filosofía.

94

Una vez que hemos conocido la pasión creemos, ilusos, que va a ser nuestra eternamente atándola con una ceremonia.

95

Edipo estaba siendo un gran rey de Tebas cuando tuvo la fatalidad de enterarse de que había matado a su padre y se había casado con su madre. A veces, mantenerse en la ignorancia es el único camino a la felicidad.

96

Cuanto más deseas un mundo mejor más infeliz eres.

97

En la vejez se conversa en silencio.

98

Los hombres notables tienen la rara costumbre de pelearse continuamente con la felicidad.

99

¡Ay de aquella pasión que, una vez saboreada, deja mal sabor de boca!

100

En el amor, todo, hasta lo más físico, es pura imaginación.

101

La inteligencia, a veces, es un obstáculo para ser feliz.

102

No hay momento más triste que cuando evocamos un bonito recuerdo.

103

El amor puede dar la felicidad, la pasión la da.

104

Los pesimistas son los únicos que pueden llegar a reír por amor.

105

Los que fomentan el odio a los demás terminan odiándose a sí mismos.

106

No se disfrutan las cosas que se conocen sino las que se aman.

107

Ni un desmemoriado puede llegar a olvidar nunca a un gran amor.

108

El amor, a veces, resulta un gran problema: Nos queremos demasiado a nosotros mismos.

109

Llorar en público es una pantomima para enternecer a los que nos rodean.

110

El que odia con impunidad lo hace porque no conoce otra forma de ser feliz.

111

En el amor, fuera de la pasión, todo es comedia.

112

El rechazado de amor que no lo acepta termina su vida atado por el odio.

113

Tener esperanza es una forma de ser feliz, sobre todo si no somos muy impacientes.

114

Ante una persona buena el odio tiene que buscar otro alojamiento.

115

No se trata de dominar tus sentimientos sino de evitar que ellos te dominen a ti.

116

El miedo a ser presuntuosos nos hace parecer invisibles.

117
En el amor cuando acaba la pasión empieza el cariño.

118

Un hecho feliz trocado en triste y convertido en un recuerdo, eso es la melancolía.

119

Es fácil amar hasta la muerte, sobre todo si uno de los enamorados muere pronto.

Estupidez, ignorancia y otros poderes fácticos

Tontos son todos los que lo parecen y
la mitad de los que no lo parecen.
BALTASAR GRACIÁN

120

El ignorante que desconoce su condición puede terminar en estúpido.

121

Mentira más ignorancia igual a odio.

122

No hay empatía más fuerte que la que identifica a un malvado que manda con un estúpido que obedece.

123

En la vida siempre hay algo de lo que estamos absolutamente convencidos, el problema es que no sabemos cómo hemos llegado a ese convencimiento.

124

Los tiempos nos traen un nuevo refrán: "Dime de qué opinas y te diré de que no sabes"

125

Quería decir más de lo que decía, pero los que le escuchaban pensaban que no decía nada.

126

La estupidez es como una maldición repartida con excesiva generosidad.

127

Oyendo hablar a la gente se diría que tenemos un diccionario muy breve.

128

"Pensar" es un verbo que está perdiendo peso en las relaciones sociales, lo hemos sustituido por "confiar" que es un verbo más básico que no requiere de grandes dispendios ideológicos y que la gente puede utilizar con total "confianza" esperando que alguien la engañe como dios manda.

129

El ignorante que sabe que lo es ya parece menos ignorante.

130

En el imaginario colectivo de la humanidad la mera pronunciación de la palabra dinero despierta un instinto irracional que no tiene igual en ninguna otra palabra del diccionario.

131

Ahora las opiniones se dictan desde lo preconcebido y nunca desde lo meditado. Y es que nos resulta más fácil hablar de lo que tenemos asumido que de lo que tenemos que pensar.

132

La ignorancia de ser ignorante, la gran maldición.

133

Muchos hacen del aburrimiento el objeto de su felicidad.

134

La mayoría de la gente está convencida de muchas cosas y esas convicciones las han adquirido no por una labor de investigación sino por el clásico método de hacer caso a la más burda transmisión oral.

135

El primer paso para prevenir la extinción de la humanidad es conminar a todos los estúpidos a mantenerse en silencio.

136

Sentía nostalgia del imperio, se sabía un don nadie.

137

Muchos dicen siempre lo mismo, aburren a las palabras.

138

La ignorancia es una ciencia exacta: El que no sabe, no sabe, y no hay más.

139

La incultura no es una tara como algunos sostienen, al contrario, es una virtud que predispone, al que la posee, a opinar de todo sin tener que recurrir a los pesados argumentos que encierra la cultura.

140

Equivocarse es la cosa más natural del mundo. No reconocer que te has equivocado, también.

141

Ser joven, para muchos, es como una póliza de vida eterna... Ya habrá tiempo de hacer cosas importantes.

142

Con un estúpido al lado siempre se aprende algo, fundamentalmente a escoger mejor las compañías.

143

El que desconfía de la gente y se aleja buscando la soledad quizá no ande muy descaminado.

144

Era tan patriota que quería a su país para él solo.

145

Cuando dos estúpidos conversan las risas suelen surgir cuando tratan los temas más serios.

146

La estupidez es el triunfo de los necios y viendo su éxito con justicia los necios se pueden considerar unos triunfadores.

147

Ni siquiera el dolor hace cambiar de idea al estúpido.

148

Para triunfar en sociedad hay que decir el mayor número de majaderías de la forma más encantadora posible.

149

La pobreza es una dignidad que los ricos entregan a los pobres, y que estos agradecen como si fuera la única dignidad que van a alcanzar en su vida.

150

La ignorancia es el paso previo al conocimiento, todos partimos de ella aunque muchos ahí se quedan.

151

Es tan fácil incitar al hombre a hacer el bien como incitarle a hacer el mal. Y, sin embargo, sin esa incitación y a su libre albedrio, el hombre sólo sabe hacer el imbécil.

152

Cuando un estúpido está firmemente convencido de sus ideas lo más aconsejable es evitar la tentación de preguntarle por ellas.

153

Es perfectamente comprensible que alguien yerre, pero es inaceptable que alguien yerre con los errores de otro.

154

Era pobre, no tenía trabajo, pasaba hambre... y su máxima preocupación era la unidad de la patria.

155

Decía Oscar Wilde que la estupidez es el único pecado que existe, sin embargo, la mayoría de las religiones lo consideran una bendición.

156

Se convirtió en un gran envidioso cuando se enteró de que existía una envidia sana.

157

Los estúpidos no dudan ante nada, quizás sólo ante el nuevo modelo de móvil que se quieren comprar.

158

Parece que el ser humano no sabe lo que es pensar, pero piensa; es lo que llamamos la fuerza de la costumbre.

159

El que se engaña a sí mismo cree que es fácil engañar a los demás.

160

Está comprobado que los estúpidos se entienden muy bien entre ellos, incluso aunque el resultado de ese entendimiento sea una pura estupidez..., o precisamente por eso.

161

Promulgar una ley contra la estupidez es cosa harto imposible, pues, en muchos casos, son los estúpidos los que mantienen en el poder a los que redactan las leyes.

162

La única preocupación con los males del mundo es que ninguno nos toque a nosotros.

163

Cuando nos encontramos rodeados de estúpidos descubrimos que en realidad todos ellos son el mismo.

164

Las personas inteligentes son aquellas que, sabiendo que lo son, nunca tienen la necesidad de demostrarlo.

165

El estúpido parece que piensa, pero en realidad sólo hace trabajar inútilmente a su cerebro.

166

El hombre sabio debe saber camuflarse cuando se encuentra en medio de una concentración de ignorantes.

167

"Yo no odio a nadie", dijo con una terrible mirada de odio.

168

Vivimos en un mundo en el que la clarividencia de los ciegos es sólo comparable al melodioso canto de los mudos.

169

La inteligencia artificial está conquistando a todos los estúpidos de la inteligencia natural.

170

Ahora el principal libro de texto es la televisión.

171

En estos tiempos en que parece que mejor vivimos peor nos comportamos.

172

Cuando un estúpido contradice a otro estúpido es posible que haya surgido de la nada una nueva estupidez.

173

Estaba convencido de ser la persona más modesta del mundo.

174

No era caritativo, daba limosna porque se lo mandaba su dios.

175

Los hay que ven y no comprenden, y los hay que comprenden sin necesidad de ver.

176

La duda nos ayuda a seguir adelante, pero la indecisión nos detiene en seco.

177

El ignorante puede aprender de la experiencia, el estúpido lo es por experiencia.

178

La razón nada puede contra la estupidez, hablan distinto idioma.

179

El hombre a lo largo de la historia ha rechazado a sus semejantes por razones de raza, creencia, clase social... Pero nunca, que se sepa, los ha rechazado por razón de la estupidez; pero claro, ¿quién se rechaza a sí mismo?

180

Él no quería a su país, solo amaba a su patria.

181

Parece justo y loable el respeto por todas las formas de pensar, pero no veo la necesidad de respetar las formas de pensar de los que no saben lo que piensan.

182

El día, quizá no muy lejano, en que definitivamente consoliden su unión la riqueza y la estupidez estará muy cerca el fin del mundo.

183

Decía Bertolt Brecht: "Es preciso aniquilar la estupidez, pues vuelve estúpidos a quienes se encuentran con ella." Pero es difícil que una minoría pueda aniquilar a una mayoría, y más si existe un alto temor al contagio.

184

Temed el día en que alguien proclame: "Estúpidos del mundo, uníos"

El desconocido arte de ser un artista

No debe imaginarse, porque sea un hombre de letras, que nunca he intentado ganarme la vida honradamente.

George Bernard Shaw

185

Las frases de los locos deberían ser estudiadas por los poetas.

186

El éxito en el arte es una lotería en la que los números que pueda tener un verdadero artista no siempre entran en el bombo

187

Estrenó una tragedia y la gente no dejo de reírse ni un instante.

188

Si un artista se hace millonario es porque ha hecho otra cosa además de arte.

189

Ahora me asusta oír pronunciar la palabra "música", con ella se nombran auténticas barbaridades.

190

La estupidez humana no sólo se encuentra en la calle; en el arte existe una muy selecta representación.

191

Hay una despiadada guerra contra los poetas: Son aniquilados por omisión.

192

Sin la fama muchos artistas sólo se considerarían diletantes.

193

Un excelente escritor no tiene porque ser, necesariamente, un gran pensador. Es más, a veces cuesta saber en qué piensan, a través de sus obras, muchos escritores.

194

Los artistas que dicen repudiar el elogio son los que más atención le prestan.

195

Un poeta puede tomarse las licencias que desee, sobre todo si nadie le va a leer.

196

Antes un artista era el que hacia arte, ahora es simplemente una persona que sale por televisión.

197

Dijo que los poetas éramos unos seres raros. No sé porque nos llamo seres.

198

Pretender que el arte sea para todos es como pretender que en el mundo nadie pase hambre.

199

El poeta era un desconocido, nadie compraba sus libros, se moría de hambre... Decidió comerse sus poemas. A su muerte, el forense fue el único que pudo disfrutar de su obra.

200

El teatro es una pelea entre el autor, el director y los actores por proclamar que su trabajo es la razón del éxito, o que el de los otros es la causa del fracaso.

201

Ver lo que otros no ven y sentir lo que otros no sienten es un delirio propio de poetas.

202

Hay grandes escritores que con frecuencia dejan constancia en sus libros de su absoluta falta de ideas, pero afortunadamente cuentan con la indulgencia de sus lectores, que se encuentran en las mismas circunstancias.

203

Si quieres ser escritor y que todos te lean, primero hazte famoso y luego escritor.

204

El halago es la flaqueza que mejor llevan los artistas.

205

—¿Y este libro que me regalas?... No conozco al autor.

—Ha tenido muchos premios, y este libro ha sido un éxito de ventas.

—¡Ah! Entonces lo leeré.

206

He leído que el lince ibérico está en peligro de extinción... Enseguida me he acordado de los buenos poetas.

207

El artista que busca la fama tiene primero que buscar a los encargados de otorgarla.

208

Cuando a alguien le recuerdas el placer de contemplar una obra de arte, muchos creen que estás hablando de la televisión.

209

Hay verbos que crean confusión en los ejecutantes: Ver y observar, ¿son lo mismo? Puedes ver un maravilloso cuadro cuantas veces quieras y quizá nunca llegues a observarlo como se merece.

210

Un poeta, cuando crea, tiene que dar rienda suelta a su sufrimiento.

211

Hoy algo es arte cuando lo ha decidido el experto de turno y los demás han dicho amén.

212

Hay poetas que han dejado versos memorables después de beber una buena botella de vino. En justicia, no sólo habría que recordar al poeta, también al vino.

213

Los escritores, de cualquier género, sólo somos personas que escribimos, si bien es cierto que hay una cierta tendencia entre los lectores a considerarnos, además, inteligentes, y eso es, en bastantes casos, absolutamente imperdonable.

214

El éxito de uno propicia el fracaso de otro, pero es el fracasado el único que se termina enterando.

215

El arte actual se mueve únicamente por el deseo de impactar, son obras que después de unos instantes de observación dejan de tener sentido.

216

Un artista sensible está irremediablemente poseído por el espíritu de la tragedia.

217

Una gran mayoría de las vanguardias artísticas que surgieron en el siglo XX tuvieron un carácter revolucionario y de crítica contra la burguesía, pero fue, precisamente, a la burguesía a la única que le gustó.

218

Un artista parece que no existe si no lo han bendecido los grandes medios de comunicación.

219

¿Quién quiere éxito después de muerto? Nadie quiere que le aplaudan en el infierno, aunque la acogida sea muy calurosa.

220

Para escribir se disfrazaba de poeta, era un mitómano, y nadie se lo reconoció en vida. Su gran triunfo: Cuando murió le enterraron con el disfraz.

221

Odiaba la poesía, siempre vivió su desamor en prosa.

222

Hay muchos artistas a los que la inspiración se les ha aparecido una vez en la vida. Lo peor es que, desde entonces, están convencidos de que se ha quedado para siempre con ellos.

223

Al principio, el hombre sólo tenía el problema de la pura subsistencia. Después, con la invención del lenguaje, llegaron los problemas morales.

224

Escribir y que no se entienda lo escrito siempre ha estado muy bien considerado por la crítica especializada.

225

La poesía y el hambre caminan por el mundo dados de la mano.

226

Hay escritores que antes de empezar un libro deberían buscar en el diccionario el significado de la palabra "aburrimiento".

227

Lo peor que le puede pasar a una obra de arte es que sea admirada, pero no sea comprendida.

228

"Sólo sé que no sé nada", escribe Platón que dijo Sócrates. Ahora lo más habitual es decir: "Sólo sé que no quiero saber nada".

229

Entre los que entienden el arte por el arte y los que lo consideran un negocio solo les diferencia el precio que ponen a sus obras.

230

¿Quién decide que alguien es un gran artista? Desde luego, el artista no.

231

Escribió una novela, estaba entusiasmado con ella, la publicó y tuvo tanto éxito que al final se dio cuenta de lo mala que era.

232

La música de ahora se oye, pero no se escucha.

233

Hay poetas que por mucho que escriban no existen.

234

Tengo la sensación, cada vez mayor, de que sin los dioses no habría arte. Eso que le debemos a la superstición.

235

Un famoso no tiene porque ser necesariamente estúpido, pero un estúpido puede, perfectamente, ser famoso.

236

Quien piense que ser poeta es un oficio ya puede olvidarse de leer poesía.

237

Escribió una novela tan original que al final no la reconoció como suya.

238

Hay que tener especial cuidado con el lenguaje, muchos lo utilizan para crear confusión.

239

Para los artistas hay vicios que pueden ser una inagotable fuente de inspiración.

240

La desgracia de las grandes obras literarias es que, aún hoy, sólo son apreciadas por una inmensa minoría.

241

La poesía puede crear adicción, sólo así se explica el temor que tienen muchos a leer un poema.

242

Los artistas sufren la carga del éxito con la misma felicidad que los creyentes sufren la carga del infierno.

243

A veces es bueno conocer a un escritor antes de leerle.

244

Con mucha frecuencia se utilizan palabras para no decir nada.

El sueño de la libertad o la libertad de soñar

La libertad, por lo que respecta a las clases sociales inferiores de cada país, es poco más que la elección entre trabajar o morirse de hambre.

Samuel Johnson

245

¿Qué sería de nuestra libertad individual y de nuestra pureza de espíritu sin el estomago lleno?

246

No pedimos demostración de una acusación gratuita, nos la creemos sin objeción alguna, excepto si la acusación es contra nosotros.

247

Los que más reclaman libertad son aquellos que no han vivido bajo ningún tipo de opresión.

248

Un hombre piadoso perdido en mitad del campo le preguntó a Dios cómo se iba a la ciudad. Dios le indicó tres caminos, pero no le recomendó ninguno en especial. El hombre piadoso nunca llegó a la ciudad, como no sabía cuál de los tres sería el camino elegido por Dios prefirió quedarse donde estaba.

249

"Libertad" es una palabra que pronunciamos invariablemente cuando queremos pedir algo y no sabemos qué.

250

A partir de determinada edad las sorpresas que da la vida suelen ser desagradables.

251

Una de las pocas certezas que deja la humanidad, siglo tras siglo, es que la pobreza es una tradición tan arraigada que no estamos dispuestos a que, por nada del mundo, desaparezca.

252

Todos, absolutamente todos, pensamos en nosotros mismos cuando hablamos con los demás.

253

La felicidad sólo existe para los seres individuales, aislados y centrados en su yo, un yo sin resquicios hacia el exterior, donde creen que corren el riesgo de ser contaminados por todo lo perverso que ellos mismos han creado.

254

La verdadera libertad está en la ausencia de deseo; sin embargo, es el deseo el que necesita la mayor libertad.

255

La carencia de dolor y la ausencia de aburrimiento son los máximos parámetros de felicidad a los que aspira la sociedad.

256

Aquel que cada día toma un camino distinto para volver a casa es el que mejor conoce el mundo.

257

Sólo admiramos el trabajo ajeno cuando somos plenamente conscientes de que no nos importa absolutamente nada, pero cuando nos importa sólo desarrollamos un sentimiento de envidia.

258

Cuántos esclavos se hacen en la lucha por la libertad.

259

Las grandes religiones monoteístas son religiones reveladas y mistéricas. ¿Cómo se puede aguantar, por mucha fe que te pidan, que te revelen algo y que ese algo, además, sea un misterio?

260

Hay cosas que de verlas tantas veces me parece que ya no existen.

261

El verdadero miedo es aquel que nos hace temer la perdida de alguien a quien amamos.

262

Parece que no creemos en nada, pero lo queremos todo.

263

Si no conoces el sufrimiento humano nunca serás capaz de saber lo que significa una verdadera sonrisa.

264

La noche es tan propicia para la meditación como para el sueño. El día solo es propicio para olvidar todo lo que hemos meditado y soñado.

265

La auténtica filosofía de la vida es la que cada uno puede permitirse.

266

No hay que fiarse nunca de un hombre que dice haberse hecho a sí mismo. Los que no cuentan con los demás para salir adelante tienen en muy poca consideración a la humanidad.

267

El misántropo suele ser muy considerado, no desea el contacto con el género humano para no molestarlo.

268

Los seres humanos necesitamos ser conscientes (aunque nos engañemos) de que atesoramos alguna cualidad que nos hace especiales, de esta forma podemos enfrentarnos mejor con la dura realidad que vivimos.

269

El hombre es como una cerilla, puede parecer eterna mientras no se encienda, pero una vez encendida enseguida muere. Desgraciadamente, muchos hombres mueren sin haberse encendido.

270

Añoramos la libertad del espíritu, pero siempre que podamos mover las piernas.

271

El vicio y la virtud son los extremos de una cuerda que muchos han sabido doblar por la mitad para hacerlos uno sólo.

272

—¿Te consideras un hombre libre? —le pregunta un amigo a otro.

—Naturalmente —le contesta el otro—. Tengo suficiente dinero.

273

Trataba a su mujer como a una reina, pero ella era republicana.

274

Pedir libertad cuando la tienes a manos llenas es como pedir comida cuando no te cabe más en el estómago.

275

Todo aquel que se pregunta por la existencia de dios, es porque necesita creer en un dios.

276

Cuando decimos que la vida nos va cada vez mejor nos estamos refiriendo, naturalmente, al dinero.

277

La prudencia es amiga del espíritu, el valor vive de la desesperación.

278

Son más felices aquellos que se creen libres sin serlo que los que son libres y no se lo creen.

279

El pensamiento es la ambición de la filosofía.

280

Cada lágrima que derramamos se lleva un recuerdo.

281

Los que más reclaman libertad son los que más trabas ponen a los que quieren ser verdaderamente libres.

282

Hay dos tipos de personas que son mayoritarias en nuestra sociedad: Los que nos dicen en lo que hay que creer, y los que se creen todo lo que les dicen.

283

Lo más insignificante puede encerrar una grandeza nunca imaginada.

284

Desapareció de forma súbita y nunca lo encontraron. Otros no tuvieron tanta suerte.

285

Mendigos que dan limosna, por ahí andará el futuro.

286

El derecho a la pereza, reivindicación de carácter dialectico y concepción metafísica, ha quedado reducido a una teoría imposible: "Vivir sin sufrir". ¿Quién no daría todo por hacer esto posible?

287

En una familia de lobos él era la oveja negra de la familia.

289

La felicidad y el miedo son tan volubles e inconstantes que nunca sabemos de ellos hasta que la vida nos lleva al límite.

290

—Yo sólo pido libertad ¿Es tan difícil de entender? —clamaba un satisfecho burgués sentado en la terraza de un céntrico bar.

—Yo también —decía un mendigo, mientras le pedía una limosna—, pero ahora prefiero comer algo porque me estoy muriendo de hambre.

291

Los hombres han llegado al punto de saltarse las leyes para luego protestar indignados porque no se cumplen las leyes.

292

Parece que sólo hay un objetivo soñado por la humanidad: Que todo se pueda comprar.

293

Los pobres no se consideran una clase inferior, simplemente aceptan su penuria con alegría confiando en que son libres de, algún día, comer en la mesa de los ricos.

294

Un hombre que no tiene trabajo pero tiene libertad siempre puede presumir de tener la libertad de decir que no tiene trabajo.

295

A veces, los periódicos, ¿con toda su buena voluntad?, se ponen de acuerdo para no informar.

296

Siempre se criticará a los pobres por ser pobres, y a los ricos por no ser lo suficientemente ricos.

La vida, la muerte y otras melancolías

La muerte es una quimera, porque mientras yo existo, no existe la muerte; y cuando existe la muerte, ya no existo yo.

EPICURO DE SAMOS

297

De la nada nacimos ¿Y nos parece extraño volver a la nada?

298

Todo sucedía en su imaginación, su vida terminó cuando imaginó que se moría.

299

Mientras los jóvenes con su vida intentan representar una comedia, a los ancianos no les queda más remedio que interpretar una tragedia.

300

La cara oculta de un optimista es la muerte, la de un pesimista es el humor.

301

Lo último que desea la iglesia es que llegue el juicio final, siempre ha tenido conciencia de infinitud.

302

La próxima estación que llega es "recordar". Todos nos bajamos en ella, nadie puede pasar de largo.

303

La tristeza no nos cambia la vida, pero nos la hace más pequeña, casi insignificante.

304

El deseo unánime de que una vez fallecidos "descansemos en paz" nos hace temer que después de la muerte vayamos a ir a una guerra.

305

La vida es un préstamo y, como buenos morosos, no queremos saber nada de pagar intereses.

306

Si la vida te resulta insufrible, piensa en la muerte. El dilema quizá te haga más llevadero el sufrimiento.

307

Decimos que matamos el tiempo, pero es el tiempo el que nos mata a nosotros.

308

Cuanto más solo te encuentras menos interés tienes en demostrarlo.

309

—Tengo miedo a morirme y dejar de disfrutar de esta maravillosa vida—, dijo el rico hacendado.

—Tengo miedo a morirme y no sé el porqué, —contestó el esclavizado siervo.

310

No llevaba reloj para no saber a qué hora le llegaría la muerte.

311

Pierdo recuerdos a cada paso, pero ¡ay! cuando quiero olvidar, no puedo.

312

El tiempo es el compañero más fiel de nuestra vida; cuando morimos, el tiempo muere con nosotros.

313

Llegó un momento en que la iglesia tuvo que prohibir los suicidios, tantos eran los que querían alcanzar la vida eterna.

314

A muchos, los sueños les marcan un camino que nunca van a recorrer.

315

La esperanza en algo es, a veces, más importante que el algo que esperamos.

316

Cuando llegue el último instante de nuestra vida siempre nos haremos una pregunta: ¿Y por qué ahora?

317

Siempre hay una edad en la vida en que necesitamos que cualquier ficción tenga un final feliz.

318

Un suicida es alguien que está convencido de que en esta vida siempre hay una solución para cualquier problema.

319

Es posible que las pasiones muevan el mundo, pero no es menos verdad que todas terminan en el desencanto.

320

Los humanos le buscamos a cada día un momento de felicidad, y lo peor es que a veces lo encontramos y no nos damos ni cuenta.

321

Todos en nuestra alma escondemos un fracaso, quizá de aquí venga nuestro deseo de venganza contra la humanidad.

322

Odiar por placer ha sido siempre un sentimiento muy arraigado en los seres humanos.

323

Los remordimientos son la salsa del pecado, muy recomendada por los gourmets del cristianismo.

324

El hombre tiene tres movimientos en la vida: Uno hacia atrás por miedo; otro hacia delante por interés; y un tercero hacia donde puede por necesidad.

325

Eternidad es una etérea palabra que ha protagonizado grandes poemas épicos. Desgraciadamente, es una palabra que, en su esencia, el hombre nunca podrá conocer.

326

Llega un momento en la vida en que la felicidad hay que buscarla en la muerte, pero cuidado, en nuestra propia muerte.

327

Las personas que están eternamente enfadadas viven más tiempo. El mal humor no conoce la brevedad.

328

Cada vez aceptamos de mejor talante la muerte, y es lógico; si no, ¿cómo matamos tanto?

329

La vida hay que vivirla con una intensidad inversamente proporcional al poco tiempo de vida que nos quede.

330

Nada podemos hacer contra la muerte. Quizá por ello todo lo hacemos contra la vida.

331

La muerte más sentida es la de aquella persona que, con su falta, nos deja en el más absoluto desamparo.

332

El hombre sólo piensa en sí mismo salvo cuando se acerca a la muerte, entonces sólo piensa en la muerte.

333

A veces, el que sufre únicamente desea que los demás sean conscientes de que sufre.

334

El destino del hombre es morir, pero no que lo maten.

335

Sólo nos damos verdadera cuenta de que vivimos cuando pensamos en la muerte.

336

El azar como forma de destino, he ahí la esperanza de muchos.

337

Todos aquellos a quienes no les gusta pensar utilizan los dogmas como guía de conducta.

338

Hemos podido comprobar cómo el hombre tiene la obscena costumbre de competir en todo con la naturaleza.

339

Los que creen, con santa devoción, en la inmortalidad del alma tienen una tendencia infame a despreciar su paso por la vida.

340

Aquellos que se dicen incapaces de seguir aprendiendo no saben que están dejándose morir en vida.

341

Piensa detenidamente en el género humano y sabrás algo más del sufrimiento.

342

No tememos a la muerte sino a la idea de tener que morirnos.

343

La obsesión de los hombres que tienen mala conciencia es convencerse, por todos los medios, de la bondad de sus acciones.

344

La memoria es un lastre para el hombre, son demasiadas las cosas que teme que le vuelvan a salir mal.

345

Los animales llevan en sus ojos la alegría y el sufrimiento de una manera infinitamente más digna que nosotros.

346

La vida es una tragedia que tratamos continuamente de disfrazar de comedia.

347

A cierta edad, más que intentar aprender hay que intentar no olvidar lo aprendido.

348

Los optimistas siempre han pretendido que su condición sea contagiosa.

349

Entre los creyentes hablar de pecado ha producido más momentos de placer de los que la mayoría se imagina.

350

El olvido es el hueco que le hacemos a los recuerdos del porvenir.

351

Los vivos temen a los muertos porque los creen inmortales.

352

En este mundo nos conformamos con cualquier alegría pasajera que nos pueda hacer olvidar un futuro incierto.

353

La bondad, tan necesaria en las relaciones humanas, es propensa a quitarnos argumentos para combatir la maldad.

Desvaríos de pura lógica

Cada día sabemos más y entendemos menos.
ALBERT EINSTEIN

354

Tengo un miedo atroz a que alguna vez digan de mí que fui una persona respetable.

355

Los sueños son lo único que nos mantiene despiertos.

356

Tememos tanto a la verdad que nos estamos acostumbrando a la mentira.

357

El odio es el pan nuestro de cada día y, de forma inconsciente, nos lo comemos.

358

La tierra siempre nos ha hablado... Ahora empieza a suplicarnos.

359

Cada vez van quedando menos provisiones para alimentar el espíritu.

360

Cuando el cuerpo pasa hambre hasta el alma busca comida.

361

Cada ventana de una casa es un cuadro inacabado, día a día pintándose sin conocer al autor.

362

Odiar es una de las maneras que tienen los seres humanos de salirse con la suya.

363

Utilizamos la expresión "Se ha vuelto más humano" para resaltar la bondad de una persona. Definitivamente, habría que buscar otra expresión que fuera más justa.

364

Solo reconocemos los errores cuando somos conscientes de nuestra insignificancia respecto a los demás.

365

Cuando una decisión no tiene responsable la responsabilidad se la queda el mundo.

366

Los pobres no lo son por lo poco que pueden gastar, sino por lo mucho que no pueden ahorrar.

367

Todos los que siempre se han mostrado preocupados por las necesidades del alma era porque tenían bien cubiertas las necesidades del cuerpo.

368

La fama es la ilusión de los vanidosos y la realidad de los soberbios.

369

Si no podemos encontrar justificación para todo lo que hacemos, tendremos que hacer sólo lo que tenga justificación.

370

Los inútiles se jactan de sus pírricas victorias.

371

Como bien decía Séneca, la ira es totalmente irracional, pero quizá se le olvidó pensar que es totalmente racional ante la contemplación del horror.

372

El ser humano busca la fama de una manera tan desaforada que cuando tiene un amigo desea que se convierta en un admirador.

373

No es fácil tener talento, pero sí debería ser fácil reconocerlo en los demás.

374

No somos nada sin la risa, pero desgraciadamente no sabemos reírnos de nosotros mismos.

375

Sólo puede conceder el perdón a un derrotado aquel que es capaz de derrotar.

376

Lo acabado produce una gran satisfacción, lo inacabado debería producir una gran esperanza.

377

Los que se defienden con mentiras son los que más acusan a los demás de mentir.

378

A veces regamos las plantas que deberíamos dejar secar.

379

Cada vez es más difícil no ver a nadie.

380

Los que buscan la fama por encima de cualquier otra cosa tienen poco que ofrecer.

381

Lo malo de las creencias es que nos obligan a creer.

382

El verdadero peligro es aquel que, siéndolo, no lo consideramos como tal.

383

Lo único que algunos hacen a conciencia es odiar.

384

Todas las grandes obras del hombre se han hecho desde el temor a que podían ser destruidas.

385

Hay demasiada gente que se preocupa más de vestir bien que de pensar bien, y ni en lo primero aciertan.

386

El periodismo es un monstruo, pero hay que confiar, hay leyendas que dicen que existen monstruos buenos.

387

Vana ilusión es querer parecernos a los que en nada nos parecemos.

388

Es bueno creer en Dios para seguir pensando en pedir imposibles.

389

El sacramento de la penitencia abrió la puerta a aquellos que disfrutan con la maldad.

390

La verdad es sólo una, pero en el espíritu del hombre mora el deseo de modificarla cuantas veces sea necesario hasta adaptarla a sus intereses.

391

La humanidad se parece mucho a las montañas, cuando se mueve provoca auténticos cataclismos.

392

Todos los pobres saben cómo ser ricos, pero sólo en sus sueños.

393

Las clases adineradas llevan el respeto de serie, las clases humildes se lo tienen que ganar a diario.

394

Para muchos, Dios es la medida de todas las cosas y por ello no piensan en otro tipo de medidas.

395

A veces, el mal es tan evidente que lo percibimos como algo normal.

396

Un hombre solitario, desesperado, se tiró desde la ventana de su casa y cayó encima de una multitud. Le salvó el contacto con la gente.

397

Pregunta un maestro a sus alumnos: "¿Alguno de vosotros se tiene por mejor que el resto?". Uno contesta: "Yo me considero inferior a todos mis compañeros, pero excesivamente superior a mí mismo". He aquí un ejemplo de superioridad bien entendida.

398

El mundo ha cambiado una barbaridad, ahora aparecen infinidad de "Robin Hood" que roban el dinero a los pobres para dárselo a los ricos.

399

Nombramos mucho a Dios, nos gusta hablar de lo que no conocemos.

400

De camino a la horca pidió, como última voluntad, que no le colgaran. Murió fusilado.

401

Hay muchos que dicen vivir de recuerdos, pero cuando les preguntas no se acuerdan de nada.

402

Cuando tenemos la vista perdida en cualquier punto inadvertido del horizonte es cuando estamos viendo la verdad de las cosas.

403

Las ideas más afiladas producen cortes irreparables.

404

La sangre siempre ha sido muy valorada como símbolo de nobleza, pero los tiempos cambian, ahora se valora más para trasfusiones.

405

Los más cultos e inteligentes, a veces, tienen que aprender a disimular.

406

Los militares van a la guerra con placer, y es lógico, a todos nos gusta poner en práctica lo que hemos aprendido.

407

Era un sacerdote de multitudes, no le importaba que todos sus feligreses fueran pecadores mientras no faltaran a misa.

408

¿Los enfermos que acuden a buscar su curación a Lourdes son partidarios de la sanidad privada?

409

No veía bien, le regalaron unas gafas, nunca se las puso, creía que le afeaba el rostro... Nunca resolvió el dilema de si es mejor ver o que te vean.

410

Algunos cierran los ojos no sólo para dormir.

411

Prosperidad tiene mucho que ver con propiedad, y es que los hombres prósperos tienen muchas propiedades, aunque ninguna curativa.

412

Pocos se reconocen en todo lo que dicen conocerse, y muchos se niegan a reconocer que les da miedo conocerse.

413

Mentía para que le creyeran.

414

El que hoy en día sea muy fácil el acceso a la cultura no quiere decir que todo el mundo quiera acceder a la cultura.

415

Recuerdos y olvidos se agolpan en nuestra memoria sin saber realmente que es lo que queremos recordar y qué lo que queremos olvidar.

416

Un espíritu mediocre solo tiene que levantar el volumen de su voz para imponerse a un espíritu ilustrado. En cuestión de decibelios los mediocres siempre llevan ventaja.

417

El que desea acabar con su vida debe aportar a su deseo tantos argumentos justificativos que hagan, al menos, que su muerte sea un mal menor para los que le quieren.

418

La sociedad está consiguiendo que los pobres se sientan orgullosos de su pobreza.

419

Siempre atacamos lo que más deseamos, hasta que lo poseemos.

420

La respetabilidad es una idea que utilizan mucho las personas que teniendo algo dudoso que ocultar ya no lo pueden ocultar por más tiempo.

421

La banalidad enriquece la convivencia y nos mantiene a todos en un beatifico estado de sumisión.

422

Ante un futuro sin dinero en metálico (entiéndase billetes y monedas), la Iglesia ha mostrado su preocupación: "¿Y cómo vamos a pasar el cepillo?".

423

Lo primero que buscan la mayoría de los seres humanos es su propio beneficio, y lo segundo, como ampliar aún más ese beneficio.

424

El bien y el mal ya no representan ningún dilema moral pues son posturas tan reconciliables que el mal puede provocar grandes bienes (a unos cuantos) y el bien (de estos) puede provocar innumerables males (a muchísimos).

425

Insultaba a Dios, le maldecía... Era un profundo creyente.

426

Para atracar un banco necesitas un pasamontañas, un arma y decir claramente: "Manos arriba, esto es un atraco". Para desvalijar las arcas públicas tienes que ser más concienzudo, lo primero hacerte con un buen traje y luego tener preparado un exaltado discurso patriótico.

427

Está muy extendida entre los grandes empresarios la opinión de que los trabajadores son una clase privilegiada porque no tienen que sufrir el penoso trance de tener que despedir constantemente a los trabajadores.

428

Freud decía que el hombre para vivir en sociedad tiene que reprimir sus instintos: Eros, la pulsión de la vida y Tánatos, la pulsión de la muerte. Sin embargo, en esta represión voluntaria no parece que entre de ninguna manera el ansia de poder.

429

Lamentarse es propio de seres sensibles pero poco previsores.

430

Cuando en cualquier puesto de la sociedad alguien se hace imprescindible, condena al resto a ser totalmente prescindible.

431

Acabaremos con todos los animales del universo y entonces los humanos seremos los únicos animales.

432

Cuantas veces estamos a punto de hablar para decir algo que consideramos importante y el silencio se apodera de nosotros. Luego nos damos cuenta de que el silencio tenía razón.

433

Algunas civilizaciones, en un momento de la historia, decidieron no hacer más sacrificios humanos a los dioses y lo cambiaron por el sacrificio de animales. Quizá pensaron que con ello parecerían más benevolentes, pero no engañaron a nadie.

434

"Enseñar al que no sabe" es una máxima que muchos tienden a confundir con "Engañar al que no sabe".

435

Al final, la vida del ser humano se resume en conseguir que nos vayan bien las cosas del corazón, incluido, si fuera necesario, un trasplante.

436

Lo que más temen los criminales es a la ausencia de leyes. Es muy aburrido ser un transgresor de nada.

437

La historia del mundo, encuadernada y lista para su lectura, no es bienvenida en casi ninguna casa. Nadie está dispuesto a leer las barbaridades que cometieron nuestros antepasados para llegar a lo que ahora somos.

438

Admiramos a determinadas personas por su discurso; sin embargo, cambian este y las seguimos admirando. Está claro que, para muchos, las caras de sus ídolos pesan más que sus ideas, y no porque las tengan muy duras.

439

La sociedad está divida en dos clases de personas, cada una representada por una concluyente frase: Están los de "Todo esto es mío y algún día será tuyo" y los de "Hay que salir adelante como podamos".

440

La queja forma parte intrínseca del hombre, su única función es mitigar la frustración que padecemos por no saber acabar con el problema que nos lleva a la queja.

441

Cada ser humano intenta llevar en su mente el plan de su propia vida, pero el plan de la humanidad como conjunto lo llevan otros a los que no conocemos.

442

Los trabajadores ya forman parte de las nuevas tecnologías y como tal hay que moldearlos, repararlos y, cuando no sirven, desecharlos.

443

Algún día los científicos descubrirán que en la Tierra misma hay un agujero negro.

444

¡Ay! Cuántos se han aprovechado en el seno de la Iglesia de aquello que dijo Jesús: "Dejad que los niños se acerquen a mí".

445

Nuestro orgullo sale a relucir cuando nos enfadamos, pero nos enfadamos menos de lo que debiéramos y ya no estamos orgullosos de nada.

446

Los tiempos se han vuelto tan extraños que ya un mentiroso no tiene que soportar el oprobio y la vergüenza de haber sido descubierto en su mentira.

447

Estaban tan preocupados porque creían que se rompía su patria que no se dieron cuenta de que se estaba llenando de mierda.

448

Fue un alivio para muchos creyentes que Barrabás demostrara que los ladrones también pueden entrar en el reino de los cielos.

449

Los que dejan de odiar a una persona porque ha muerto demuestran que no odiaban a esa persona sino a su vida.

450

Vivía por encima de sus posibilidades porque no sabía cuáles eran sus posibilidades.

451

¿Por qué le pedimos a un ciego que nos guíe hacia la luz, o a un manco que nos lleve de la mano?... Así actuamos los seres humanos.

452

Los que creen en un dios disipan cualquier duda que les surja con una extraordinaria facilidad.

453

Dormimos un tercio de nuestra vida, pero muchos parece que están dormidos también los dos tercios restantes.

454

Cuando la gente no entiende un discurso, aplaude.

455

Demostraba su amor a la patria disfrazándose de bandera.

456

Ya hay gente que dice haber visto a personas caer por los bordes del mundo.

457

Tuvo una buena idea pero se le estropeo nada más salir del cerebro.

458

Cuando nos cuentan una historia deseamos que tenga un final feliz, sobre todo si la historia es mentira.

459

El reloj de sol se para en los días nublados, el relojero viene entonces con una antorcha. Así funciona el mundo.

460

Los famosos hacen grandes esfuerzos para mantener su fama. Es duro mantenerse en la cima de la estupidez durante mucho tiempo.

461

Ser conservador en política es estarse quieto mientras contemplas como todo lo que quieres conservar destruye el mundo a tu alrededor.

462

Muchos creyentes se están planteando seriamente la posibilidad de que Dios, finalmente, necesite gafas.

463

¿Tienen recuerdos los animales? Su comportamiento parece indicar que sí. Lo que está claro es que no viven de ellos. Ahí nos superan.

464

Dormía mucho, quizá en exceso, lo justificaba porque estaba aprendiendo a soñar.

465

No deseaba ser rico, es que coleccionaba dinero.

466

Algunos mortales se sienten tan profundamente espirituales que creen ser todo alma, de esta forma solo padecen la hipocondría del espíritu.

467

Todos hablan del futuro, pero nadie piensa en él.

468

Tenía un fastuoso yate y se hundió. Ahora tiene una lujosa casa en el fondo del mar.

469

Conservaba fielmente las tradiciones más arraigadas, aunque no sabía el porqué.

470

Los científicos terminarán por demostrar que, en contra de lo sostenido hasta ahora, es el mono el que desciende del hombre.

471

Alguien dijo: "Hagamos justicia, reivindiquemos a los pobres: ¡Viva la pobreza!". Y parece que desde entonces los pobres están muy satisfechos.

472

Dios creó al hombre a su imagen y semejanza, y al ver su obra, dijo: "Pero yo soy más guapo", y todo los pintores de la historia tomaron buena nota de sus palabras.

473

Estaba muy preocupado por el Día del Juicio Final, se preguntaba constantemente quién sería su abogado.

474

La historia nos enseña que cada siglo tenía su espíritu... Miedo da pensar cuál pueda ser el espíritu del siglo XXI.

475

Como el futuro se presenta cada vez más incierto intentamos vivir deprisa para no darle tiempo a que llegue.

476

Ahora, ante cualquier comentario estúpido, a los hombres sabios no les queda otra que callar.

477

Los locos no son los únicos que han perdido el juicio, hay muchos jueces que también.

478

La virtud ha perdido todo su valor espiritual; un virtuoso, ahora, es aquel que toca muy bien un instrumento musical.

479

Vivía la vida con una honda espiritualidad, hasta que le entraba hambre.

480

Los oprimidos tienen entera libertad para enfrentarse a sus opresores, el problema es que estos tienen toda la libertad, y aún más, para reprimirlos.

481

Hay patriotas que lo que más desean es morir por su patria, aunque no sean partidarios de la eutanasia.

482

¡Si pudiéramos disfrutar de las pasiones con sensatez!... Por pedir imposibles que no quede.

483

La guerra parece haber sido siempre el ocio de muchos hombres, y es que todos tenemos derecho a divertirnos.

484

Cuando un alpinista conquista una montaña en lo último que piensa es en que la montaña se puede venir abajo.

485

Llorar es una expresión fisiológica de nuestro cuerpo que sólo sirve para avergonzarnos.

486

La sabiduría goza hoy de poca fama, aunque es verdad que puede resultar muy útil en algunos concursos de televisión.

487

La esperanza del pobre es llegar a ser rico, tan poca esperanza tiene.

488

Mentir no tiene ningún mérito ante tanta gente que disfruta escuchando mentiras.

489

Nunca pelees con un violento, él está en su salsa.

490

Estamos hartos de oír que vivimos en una sociedad sin alma. Si nos han educado en que el alma sigue viva después de la muerte, el que más y el que menos prefiere esperar a ese momento para que el alma viva su vida.

491

La solución a una maldad es la penitencia. Ese ha sido siempre el gran éxito de la iglesia.

492

Las mujeres más estúpidas son aquellas que han intentado parecerse a los hombres.

493

La moral que impera en la sociedad es una moral a la carta, escrita por amorales y con estrictas normas de cumplimiento.

494

El engaño es la base de la prosperidad.

495

"Bienaventurados los perseguidos por causa de la justicia, porque de ellos es el reino de los cielos". ¿Y después del juicio final, serán también absueltos?

496

No caigamos en la tentación de equiparar error con mentira. El que yerra puede estar buscando la verdad, el que miente la conoce de sobra.

497
La madame del prostíbulo se desvivía por mantener en el recinto una estricta moralidad.

498

Cada vez que leo algo de filosofía metafísica tengo la sensación de que me están echando las cartas.

499

Pensar en uno mismo no siempre se debe considerar egoísmo. El hombre actual está tan desamparado que no puede pensar en otra cosa.

500

Muchos deberían probar una nueva forma de suicidio: Matarse a golpes de conciencia.

Índice

Esta obra
se acabó de imprimir
con los auspicios de
Charo Fierro y
Antonio J. Huerga, editores

FINIS CORONAT OPUS